JN410567

어떤
그리움

over a wall

poetry

3

어떤 그리움

강돈희 시집 2

사진과 시의 만남

꿈을 찍는 사진쟁이가 엮은 우리네 삶의 속살거리는 이야기들

담장너머

■작가의 말■

조심스런 마음으로 2집 『어떤 그리움』의 문을 엽니다.

시가 무엇인지도 잘 모르면서 무작정 겁도 없이 1집을 낸지 1년이 지났습니다.

이젠 시가 무엇인지 조금은 더 알 것도 같습니다. 모든 것이 그렇듯 시 또한 쓰면 쓸수록 더욱 어렵다는 것을 절감하고 있습니다.

'꿈을 찍는 마음' 으로 시를 쓰겠다는 처음의 마음과 약속은 지금도 유효하며, 제가 시를 쓸 수 있는 이유이자 힘의 근간(根幹) 입니다.

더욱 겸손한 마음으로 시를 배우겠습니다.

꽃은 어느 날 저절로 피는 것이 아니라는 것을 압니다.

꿈만 꾸는 시인이기 보다는 '꿈을 현상' 하는 시인이고 싶습니다.

많은 시를 만들어내는 시인이기 보다는 단 한 편이라도 제대로 된 좋은 시를 쓰기 위하여 애쓰고 고민하는 시인이고 싶습니다. 솔직히 시인이라는 말이 부끄럽지만 '시를 사랑하는 사람' 이라는 의미에서라면 사양하지 않겠습니다.

우리 생활 속에 시가 늘 함께 하는 그런 삶을 꿈꾸어 봅니다. 그런 세상이 오기를 바라며, 그 날을 위해 보잘 것 없는 제 시(詩)들이 작은 힘이 된다면 진정 기쁘겠습니다.

이 책이 나오기까지 포천과 서울을 오가며 많은 수고를 아끼지 않은 담장너머 송계원 님과 1집에 이어 이번에도 기꺼이 발문을 써주신 이석구 고문님에게 진심으로 깊은 감사를 드립니다.

2006. 7. 28.

태양이 뜨거운 한여름에 도 니

어떤 그리움

어떤 그리움

차

례

뿌린대로
거두기

뿌린대로 거두기

례

까불며 살지만

그리운 물레방아

어떤
그리움

어떤 그리움

귀가 길

우리 집 가는
동네어귀 삼거리
외로운 가로등
홀로 불 밝히는 밤

새하얀 눈 위로
달빛은 부서져 내리고
오늘도 지은 죄 하나 없는
소심한 나는

내딛는 걸음 걸음마다
눈 속에 빠져
비틀거린다

언제였던가
이토록
눈부시게 하얀 눈길을
걸어 본 적이

얼마만인가
아무도
가지 않은 길을
혼자 밟고 가는 것이

밥이 그리운 배는
어서 가라 재촉을 하고
무심한 달빛은
천천히 가라 발길을 잡고

깨달음

간디에게 배웠다
옷은 인격과 아무 상관 없음을
벌거벗고 있어도
인격엔 아무 손상 없음을

손님들에게 배웠다
면허증과 운전은 별개임을
어떤 사진이 붙었는가 보다는
운전을 얼마나 잘 하느냐가 중요함을

살면서 배운다
느끼고 또 깨닫는다
우리가 얼마나 많고 많은
허상과 허명에 시달리고 있는가를…

고단한 삶

얼마나 고단한 삶이길래
밤마다 꿈을 꾸느냐

얼마나 고단한 삶이길래
날마다 헛 것을 보느냐

얼마나 고단한 삶이길래
눈물이 마르질 않느냐

얼마나 고단한 삶이길래

얼마나 고단한 삶! 이길래

아쉬운 것들

파리채도 뿌러지니 아쉽다
존재하는 것은 다 이유가 있는 법
있을 땐 몰랐어도 없으면 아쉬운 것들
때로는 개똥도 약인 것을

주위에 흔한 것이 여자라고 말하지 마라
아무리 널리고 발에 채여도
모두 그림의 떡, 오르지 못할 나무
내게 필요한 연분은 없나니

인연의 끝은 어디인가
어디에서부터 인연은 시작되는가
맺기 싫은 인연도 있다지만
맺고 싶어도 맺어지지 않은 인연이란

눈치 하나로

파리도 안다
인간이 파리채를 드는 것을
그것이 무슨 의미인지를

이 험한 세상
눈치 하나로 사는 것은
너나 나나 똑같구나

그런 눈치라도 있어야지
그 마저 없다면 어찌 살겠누
가지고 있는 재주라곤 그 뿐인 것을

뻥튀기 아저씬

뻥튀기 아저씬
스트레스 없을거야

펑 펑 펑
종일 폭죽을 터트리네

마음 속에 쌓인 울분
한꺼번에 모두 털어버리네

새하얀 연기
커다란 폭발음과 함께

다른 이들의 설움이랑 슬픔까지
모두 모아

뜨거운 불로 달궈서
이리저리 골고루 돌려가며
새로운 모습으로 바뀔 때까지

토해낸 강냉이
따뜻도 하지
차가워졌던 마음 더워지라고
잃었던 용기 되찾으라고

까칠한 껍질 벗어던지고
향기롭고 풍성한 꽃으로 탈바꿈했네

뻥튀기 아저씨의 마음이 저럴까
폭죽은 오늘도 괴성을 멈추지 않는다

이름을 걸고

팍 팍 올려라
정신이 번쩍 나도록
인정사정없이

맥이 풀릴수록
기운이 없을수록
살 맛이 나지 않을수록
경기가 불경기로 갈수록

오디오 볼륨을 올려라
간판에 불을 넣어라
흥겹게 노래라도 불러라
덩실덩실 어깨춤이라도 추면서

얼굴을 펴라
세상에 고통스러운 건
너만이 아니다

힘 내라
힘을 내라
두 주먹 불끈 쥐고

운명을 향하여
세상의 거친 파도를 향해

돌진
돌진하라
앞으로 돌진하여라
네 목숨과 이름을 걸고서

아침에 쓴 시 · 1
– 인연

삶이 싫으냐
죽음을 원하느냐
그토록 죽고 싶다면
기꺼이 죽여주마

한 방에
깨끗하게
찍소리도 못내게
보내주마

내 원망일랑
네 맘대로 해라
내 잘못을
덮진 않겠다

다음 생엔 우리
좋은 인연으로 만나자
다시는
이런 일 없게

아침에 쓴 시 · 2
– 내기

내 머리를
운동장으로 아는
간덩이 부은
파리가 있었다

녀석은
죽음이라는 것을
알고 있을까

죽는다는 것이
뭔지를
알고 있을까

잠시후면 닥쳐 올
그 엄청난 일을
알고 있을까

녀석은 아직도
나를 조롱하고 있다
날! 잡아봐라

나도 전의를 세운다
오너라 내 너를
기꺼이 맞아주마

일전불사
임전불퇴
누가 이기나 한 번 해보자

아침에 쓴 시 · 3

– 운명

녀석이 도망을 갔다
눈치도 빠르다
파리채를 잡고 있는
내 손을 감지했나보다

인내해야지
다시 보일 때까지
그러나 녀석은
멀리 꽁무닐 뺐는지
근처엔 얼씬도 않는다

그렇다면
내가 찾아 나서야지
소탕작전 벌여야지
기다리고 있을 수만 없다

바로 그때
불쑥 나타난 녀석
죽으려고 빽을 쓴다
제발로 나서다니

내 맘을
알기라도 하는 듯
눈 앞 적당한 거리에
스스로 앉아준다

오냐 잘 됐다
나는 파리채를 들어
홱~ 한 방에 보냈다
모질게도…

아침에 쓴 시 · 4
– 서러운 아침

조금 전까지
기고만장 까불던
녀석은 이제
눈 앞에 짜부라져 있다

그러길래
누가 까불랬니
그저 구구로 가만히
처박혀 살지

못난 놈
못난 놈이로세

죽임을 당한 너나
죽음을 안긴 나나
서글픈 하루요
서러운 아침이었다.

흔들리는 마음

이른 아침에
한 수의 아름다운 시를 읽고
울어 본 적이 있나요
마음 흔들려 본 적이 있으신가요

아무 것도 아닌
당신의 마음 한 줄기가
지금 제 마음을 흔들고 있습니다.
이렇듯 아름다운 시가 되어

긴 말은 정녕 필요 없습니다.
단 한 줄
단 한 마디면 되는 것을

마음과 마음이 통하면
그것이 곧 그리움이죠
그것이 곧 사랑일 겁니다.

삶의 단상

나는 네가
담배 피는 모습을 보면
안스런 마음이 든다
세상에 물든 너의 모습을 본다

나는 사람들이
담배 피는 모습 속에서
아름답다거나 지고한 모습을
본 적이 별로 없다

세상에 지치고 삶에 겨운
찌들고 나약해진 모습 뿐
토해 낸 한 줄기 연기 속엔
감춰진 무수한 고뇌의 편린들

울분과 슬픔을 담고
서러움과 고통을 삭이며
찢겨져 나간 자존심
돌이킬 수 없는 후회와 상처

빨간 불꽃 일구며
한 순간 타들어가도
고뇌는 멈출 수 없으리
잠깐의 안식만 있을 뿐

일요일

아무리 일요일이라 하더라도
세수는 하고 지내라
비록 늦잠을 잤을 망정

아무리 일요일이라 해도
아침은 먹어야 한다
점심이 얼마 남지 않았어도

아무리 일요일이 쉬는 날이라 해도
아무 것도 안하고 놀아선 안 된다
책이라도 한 줄 봐야 한다

일요일이 쉬는 날이라 하여
맹탕 쉬기만 한다면
네 인생은 끝장이다

지친 몸과 마음을 충전하고
정신을 올바로 가다듬어
벅찬 희망과 큰 용기를 가져라

일요일은 기회의 날
지난 나날들을 정리하고
새로운 한 주를 준비하는 날

일요일은 아름다운 날
찬란한 네 인생의 소중한 하루
일요일이 있어 인생은 찬란히 꽃 핀다

어떤 그리움

누군가를 막연히 기다릴 때가 있다
지나가는 말로 한 마디 한 것이
약속이 되어 사슬이 되어
스스로를 엮어 맨다

꼭 올 것 같은 느낌
오리라는 예감이 강하게 들수록
어떤 그리움은 조금씩 본성을 드러낸다
마침내, 약속이 완성 되었을 때

막연하기만 했던 어떤 그리움은
무지개 빛 인연을 영근다
작은 만남의 씨앗이 되기도 하고
더 큰 사랑으로 가는 디딤돌이 되기도 한다.

여름이 무섭다

따악 따악
고막이 울린다

또각 또각
구둣소리 들려온다

한 여자는 오고
두 여자는 가고 있다

아무리 세상이
소음 천지라지만

끈없는 구두 소리는
또 다른 공해

무엇에 한이 맺혀
저리 비명 지르는가

한 걸음 걸음 뗄 때마다
서슬푸른 저 악다구니

저항할 수 없는 연약한 내 귀는
차라리 백기를 든다

공해가 절정을 이루는 이 여름
어디로 도망이라도 갔으면

이젠 여름이 무섭다
저 뾰죽구두 소리가 무섭다

끈없는 구두를 신는
여자의 귀여운 발이 무섭다

슬렁 슬렁

인생이 슬렁 슬렁 넘어가는 것이라면
네 인생도 슬렁 슬렁 넘어가기를 바라느냐

아무런 고난이나 하나의 역경도 없는
쉽고도 편한 길을 가고 싶으냐

달콤한 엑기스만 가득한
황금빛 낙원을 소망하느냐

지금 네 인생은
어디메 쯤 가고 있느냐

슬렁슬렁 넘어서
고갯마루에 쯤 이르렀느냐

아니면 어느새
내리막길을 걷고 있느냐

사는 이유

오늘도 열심히
숨쉬며 사는 이유는

열쇠 하나를
더 갖기 위하여

더 좋은 열쇠
하나를
더 갖기 위하여

형이상학적인 삶

앞 차가 신호위반을 하였다
정지신호 무시하고 달려나갔다

앞 차를 따라 신호위반을 하는 것은
형이하학적인 삶이요

앞 차를 따르지 않고 신호를 지킴은
형이상학적인 삶이다

오늘 아침 나는
형이상학적인 삶을 살았다

여름은 남자의 계절

여인들은
가슴에 열이 많나보다
클수록 더 많이 가슴을 연다

다리에도 열이 많기는
마찬가지
젊을수록 열은 더 많아
치마 길이가 점점 짧아진다

여름은 남자의 계절
볼거리 풍성하고
먹을거리 풍부하고

열이 없는 여인들에게
여름은 곤혹스러우리
가슴도 못 열고
짧은 치마도 못 입고

일당 2만원

하루 2만원을 벌기 위해
일을 하는 사람이 있다
엉성한 리어카 한 대와
성실한 건강이 그의 전 재산

눈이 오는 날도
비가 퍼붓는 날에도
그는 쉬지 않는다

한 달 내내 벌어야
겨우 60만원
그 돈으로 무엇을 하는지
나는 묻지 않았다

얼마를 저축하는지
그동안 얼마나 모았는지
그저 하루하루 먹고 사는지
무엇을 하려고 하는지도 알지 못한다

하루 2만원을 벌기 위해
그는 오늘도 파지와 실갱일 한다
뜯고 부수고 찢고 잘라서
차곡차곡 꿈을 채운다

작은 키에 초라한 옷차림
때가 덕지덕지 묻은 손과 얼굴
환하게 웃어본 적이 언제였을까

덩치보다 큰 리어카가
위태로워 보인다
사람은 보이지 않고
잔뜩 쌓인 짐이 굴러간다

흔들 흔들 아픔을 몰고 간다
소리 없이 세월을 굴리며 간다
출렁 출렁 흔들리는 인생이 간다

마음 닫기

마음을 닫아서 편해지는 일이 있다면
마음을 열어서 고통받는 일보다 낫습니다

마음을 닫아서 더 큰 세계로 갈 수 있다면
마음을 열어서 작은 세계에 머무는 것보다 낫습니다

마음을 닫아서 발전할 자신이 있다면
마음을 열어서 답보 상태에 있는 것보다 낫습니다

마음을 닫고서도 세상과의 단절이 두렵지 않다면
얼마던지 기꺼이 그리하겠습니다

마음을 닫는 것이 죽음이 아니라면
마음을 여는 일에 신경쓰지 않겠습니다

마음을 닫고서도 행복할 수 있다면
지금 서슴없이 당장이라도 걸어 닫겠습니다.

마음 열기

오늘 제 마음을 닫았습니다
열었던 마음 꼭꼭 걸어 닫았습니다
또 하나의 세계를 잃었습니다

열려라 참깨!
열려라 마음!

언젠가는 다시 열릴 마음에게
간절히 호소합니다

이제 열면,
다시는 닫는 일 없어야 한다고

겨울 바닷가에서

철썩이는 파도소리
이젠 들리지 않아요
걸어가는 내 발자국 소리만 들릴 뿐

부서지는 흰 물결
이젠 보이지 않아요
먼 산에 해지는 노을만 보일 뿐

한동안 머물러
아득한 수평선 너머로
무심히 날려보낸 시선들 속엔

잊어버리고 싶고
지워버리고 싶은 숱한 나날들
숨어있다

인적 끊어진 겨울 바닷가
숱한 사연 뜨거운 사랑 꽃피우던
지난 여름은 자취 없는데

구름 몇 점 심심히 떠도는 하늘 밑
방황하는 갈매기 날개짓도 외로워라
메아리 되어 돌아오는 현실의
뼈저린 이 자각은

텅 비어 공허한 가슴
아픈 울분 토하게 만든다
뜨거운 눈물 흐르게 한다

위대한 것

8000미터급
히말라야를 오르는 것이 위대한 것인가

밤을 새워
시 한 줄을 쓰는 것이 위대한 것인가

10억의 자금을
대출 받은 자가 위대한 것인가

단 한 푼의
대출도 없는 자가 위대한 것인가

입신양명
출세의 가도를 달리는 자가 위대한 것인가

이름도 없는
평범한 사람으로 사는 것이 위대한 것인가

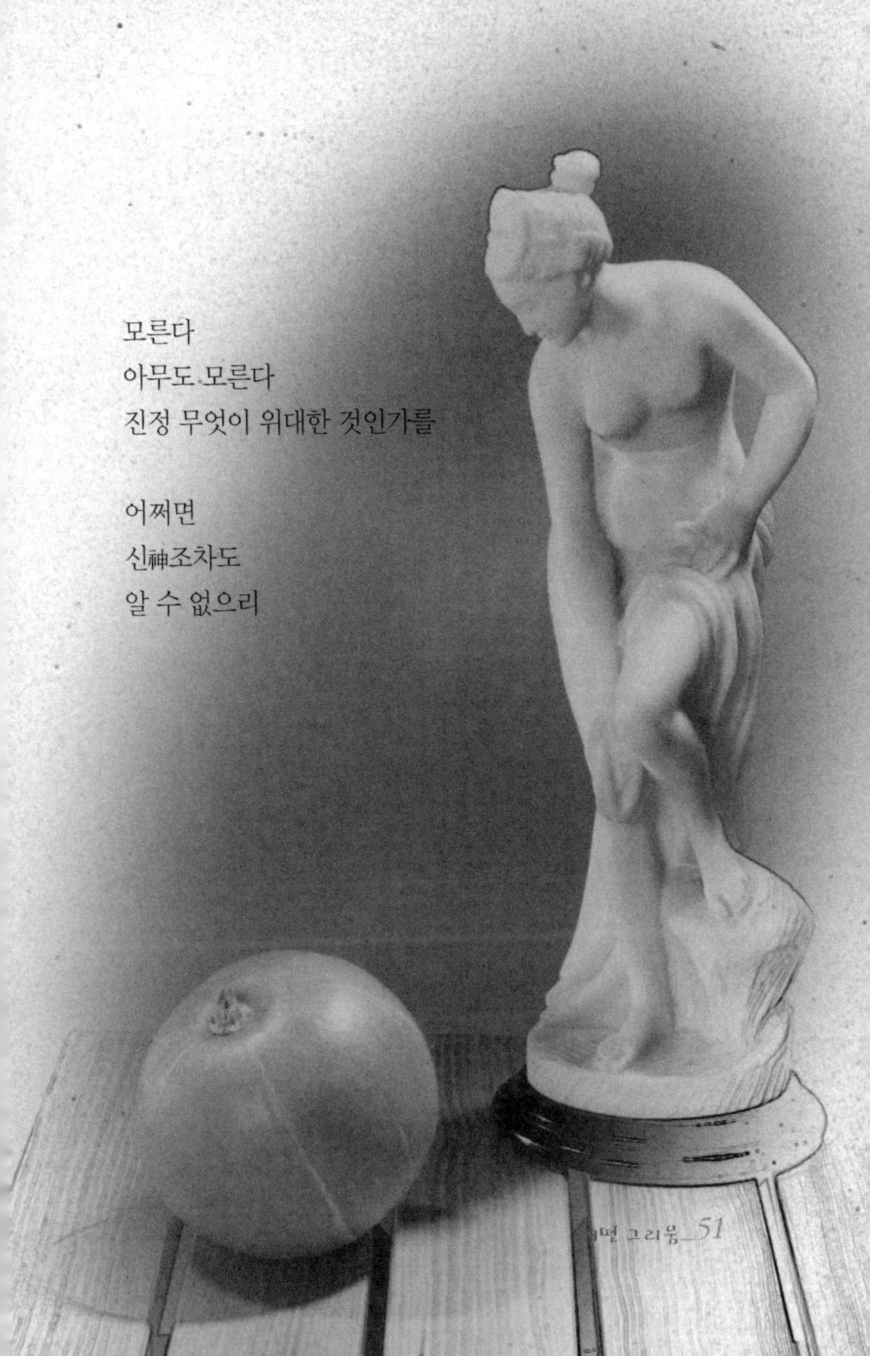

모른다
아무도 모른다
진정 무엇이 위대한 것인가를

어쩌면
신神조차도
알 수 없으리

사랑 타령

사랑으로 눈을 뜨고
사랑으로 잠을 청하며

사랑을 먹고
사랑에 속고
사랑에 울면서도
사랑만을 바라며 산다

눈에 보이는 사랑을 쫒으며
눈에 보이지 않는 사랑은 외면한 채
한 걸음 두 걸음
더 깊은 상처를 배어간다

어쩔 수 없는 추락의 날개를 퍼득이며
오늘도 내일도
끝없는 사랑의 목마름에
더 깊고 푸른 오아시스를 찾아 나선다

수염

보잘 것 하나 없는 수염
며칠 동안 신경을 안썼더니
제법 표가 나게 자랐다

로똔가 뭔가하는 잡놈 때문에
그렇잖아도 다들 김이 빠져 있는데
너란 놈은 너무 웃긴다
뭐가 좋아 그리 잘도 자랐더란 말이냐

사그라들던 기분 되살아나니
이젠 너를 잘라야겠다
심기일전 하는 마음으로 싹뚝
너를 베어야겠다

숨겨진 우주

쭈삣대며 올라오는
작은 꽃대 하나
도둑인양 숨어있다
불쑥 나타나
놀란 가슴 설레게 하고

언제쯤 터질까
아련한 호기심 속에
하루하루 너를 보는 재미
알기나 할까

어여 피어다오
요 이쁜 녀석
대견하기 그지없네
신기도 하여라

생명의 경이
이 놀라운 세계여
자연의 섭리여

가녀린 꽃대 하나에
온 우주가 숨어 있었네

비정상

비정상에
사람들은 더 환호한다

그런 까닭에
사람들은 비정상이 되고자 한다

비정상에 더 가까울수록
더 큰 성공을 하는 셈이다

정상은 이제
비정상만도 못하다

비정상은 정상을 늘 앞서가고
정상은 비정상을 쫓기에 바쁘다

그리하여 정상이 곧 비정상이며
비정상이 곧 정상이 된다

정 떨어졌다

정 떨어 졌다
전화 한 통화에

결심은 번복되고
계획은 어긋났다

거기엔 자신감도
자부심도 없었다

아무 것도 아니었다
겨우 그림자만 있을 뿐

다시는 하지 않으리
이젠 줘도 싫다

정
·
·
·
떨어졌다

뿌린대로 거두기

행복 · 1

라면 한 그릇에도 행복을 느낄 수 있다
6 · 25를 생각하면
모든 게 부족하고 모자라던 시절
먹을 게 없어 굶어 죽어가던 그 많은 생명들

지금 이 추위에도 행복할 수 있다
일사후퇴 때의 흥남부두를 생각하면
몸도 마음도 꽁꽁 얼어붙은 채
추위에 쫓겨 이념에 쫓겨 목숨을 걸던 사람들

오늘 나는
굶주리지도 쫓기지도 않는다
그래도 행복하지 않다면
나는 분명 이상한 놈이다

짝사랑

높은 이상
더 높은 이상

내가 도달할 수 없는
결코 이룰 수 없는 세계

그런 것들에 자꾸
마음이 간다

아,
나의 짝사랑!

이 나이 먹으려

머리만 검게 염색을 하면
마음도 젊어지나

마음이 젊어지면
몸도 젊어지나

몸이 젊어지면
청춘이 돌아오나

염색한다고 청춘이
돌아오는 것도 아닌데

머리 검다고
먹은 나이가 어디 가나

흰머리 감추면
늙음도 감추어지나

아서라
난 염색 안 할란다

내 먹은 나이
감출 이유 없고

내 하얗게 센 머리
숨길 이유 없고

툭 불거진 내 뱃살
부끄러울 일 없다

이 나이 먹으려
그동안 얼마나 힘들었는데

기우

오늘 먹은 음식이
다 살로 간다면
5kg은 더 찌겠네

오늘 받은 사랑이
다 살로 간다면
나는 비만 덩어리

무게로는
도저히 잴 수 없는
순 영양 덩어리

누명

더위 때문이라고 말해선 안된다
그 모든 것이 더워서
더웠기 때문에
더위에 지쳐서 그랬다고 말해선 안된다

더위를 파는 것은 치사하다
남자의 일이 아니다
깨끗하게 사과를 해라
구차하게 더위 핑계를 대느니

비가 와서 그랬다고 말하지 마라
비는 네 일을 알지 못했다
앞으로도 알 수 없을 것이다
비는 그저 제 무게를 이기지 못했을 뿐이다

내리는 비가 무슨 죄이랴
비에게 누명을 씌우지 마라

모기, 넌 이제 죽었다

모기가 나를 물어
내 피를 빤 것은

순전히 심심해서다
뭔가 일이 필요해서다
그것은 살고 싶다는 거다

2004. 6. 12. 23:50
새해들어 처음으로 모기에게 물렸다

왼쪽 손목과 오른손 검지였다
참 부지런한 모기였지만
그것이 마지막 축제였다

나는 비상을 걸어
모기향을 피우고 물파스를 발랐다

모기, 넌 이제 죽었다
평화는 깨지고 길고 긴
모기들과의 전쟁은 시작되었다
여름이 그렇게 열리고 있었다

모든 다리엔

7부 바지 아래로
통통한 종아리를 내놓고
씩씩하게 걸어가는 아가씨야

보기에 참신해서 좋구나
건강해 보여서 더욱 좋구나

미니가 크게 유행하는 시절에
7부 청바지라니
당당한 네 태도도 마음에 든다

각선미 자랑이야
치마가 아니어도 얼마든지
할 수 있나니

건강한 다리엔 언제나
아름다움이 있다
곧고 길게 뻗은 다리엔
사랑이 있다

세상의 걸어다니는
모든 다리엔 행복이 있다.

허수아비

눈에 보이는 너의 아름다움
잘 꾸며진 허상이려니
두 눈 크게 뜨고
마음을 옹그려도

숨겨놓은 진실은 보이지 않네
알 수 없는 공허가 밀려와
또 다른 허상을 만들면

나는 허수아비가 된다
노래하고 춤추는 삐에로가 된다

우리 마을 해바라기

우리 마을엔
예쁜 해바라기가 있지

큰 키를 숨기지 않고
둥그런 얼굴도 감추지 않고

언제나 밝은 모습
늘씬한 자태

햇님을 닮아서
마음도 따스해라

가슴에 품은 뜨거운 열정
아름다운 꿈을 심는 작은 씨앗

복스럽되 화려하지 않고
소박하되 촌스럽지 않네

남들이 뭐라건
오로지 해바라기 할 뿐

그래서 더욱 이쁜
우리 마을 해바라기!

틀을 깨라

시인이 되고 싶은가?
공부 하라!

큰 시인이 되고 싶은가?
더욱 노력하라!

위대한 시인이 되고 싶은가?
모든 틀을 깨라!

머릿속엔

누구의 머릿속엔
온통 여자만 들어 있고

누구의 머릿속엔
온통 술만 들어 있지

누구의 머릿속엔
온통 여행으로 가득하고

누구의 머릿속엔
온통 돈으로 꽉 차 있는데

누구의 머릿속엔
온통 시만 들어 있더라

군것질

입이 궁금해서
머릿속이 늘
먹는 것으로 가득찬 나는
오늘도 게걸거린다

입이 심심해서
가만 있지 못하고
끝없이 주전부리를 찾아
이 순간도 헤맨다

아,
입이 있는 것이
이토록 고통일 줄이야

행복 · 2

그대 이름에
열광하는 나

내 이름에
환호하는 당신

서로가 있어
행복한 우리

내 목소리

세상은 길고 긴 것
돌고 도는 것
단판 승부가 아니라네

뛰는 놈 위에
나는 놈이 있다는 것을
그대 어찌 모르는가

세상은 혼자 살 수 없는 것
다른 이들도 저마다
제 잘난 맛에 산다네

모두가 잘났다고 설치는 세상
눈치만 보고 있을 순 없다
나도 내 목소리 내봐야지

가만 있는 2등보다는
행동하는 꼴등이 되자
내 목소리 내는 꼴등이 되자

뿌린대로 거두기

미운털 박힌 줄 알면서도
오늘 미운짓 또 했네

이제는 어쩌나 저 많은 미운털
하나 둘 뽑기는커녕 늘어만 가네

헤어나지 못할 수렁
아득하기만 한 세월

보는시선 하나도 곱지 않은데
이제는 그나마 설 자리도 없네

스스로 판 무덤 깊기만 하여라
벗어날 길 없는 가여운 인생

세월이 약이라고 말하지마라
나는 다만 뿌린대로 거둘 뿐이지

뭐든지 그저

진짜 같은 가짜
보신용 한약을 먹으면서
생고생을 한다

애꿎은
박하사탕 한 알
입안으로 사라졌다

몸에 좋다고 그저
몸에 좋을까 싶어 그저
몸에 좋다면 뭐든지 그저

이제와 생각하니

이제와 생각하니
앞에서 설치며 유난을 떨지 말았어야 했다
뒤에서 조용히 죽치고 있어야 했다

이제와 생각하니
중간에서 중뿔나게 튀어나와
이러쿵저러쿵 설레발을 칠 게 아니었다
말없이 얌전히 입다물고 있어야 했다

이제와 생각하니
분수도 모르고 시도 때도 없이
제멋대로 뛰어들지 말았어야 했다
처지를 파악하고 묵묵히 자리나 지키고 있어야 했다

이제와 생각하니
찍소리 하지말고 그저 주는대로 먹었어야 했다
감히 겁대가리없이 투정을 부리다니
구구로 가만히 처박혀 있어야 했다

그러나,
그랬어야 했음에도 불구하고

주제를 몰랐고
분수를 잊었고
처지를 망각하였기에

이리 채이고 저리 찢기고
그제는 깨지고 어제는 망가지고

오늘 나는,
자리마저 거덜난 채
맨손으로 무작정 쫓겨나야 했다.

이제와 생각하니
조 용 히 살았어야 했다
얌 전 히 있었어야 했다

껍데기와 알맹이

어느날 문득
나는 내가

껍데기인지
알맹이인지 궁금해졌다

껍데기는 허물이고
알맹이는 속이라 알았다

껍데기는 빈 것이고
알맹이는 찬 것이라 알았다

껍데기는 가볍고
알맹이는 무거운 것이라 알았다

그러므로
껍데기는 떠나기 쉽고
알맹이는 떠나기 어려운 줄 알았다

그래서
껍데기는 가고
알맹이는 남는 줄 알았다

그런데 아니었다
꼭 그런 것만은 아닌 것 같았다

알맹이가 가고
껍데기가 남을 수도 있었다

실탄은 날아가고
탄피는 남듯이

과실은 먹고
껍질만 남듯이

행복을 안고 가는 길

행길에서 집이 가까운 것도
큰 복이다

차들이 다져놓은
검고 곧은 두줄기 길을 따라
불어오는 바람을 향기로 안고 걸으면

저 만큼 떨어져 있던 집도
어느새 한걸음 안

세상은 모두 내 것
마음은 너그러워지고
찬바람 강추위도 감미로워라
외딴집 우리 집엔 흐르는 적막 뿐

개만도 못한

아는 아가씨를 은행에서 만났다
귀여운 강아지를 안고 있었다

야 고놈 참 이쁘네!
이런 놈은 얼마나 하지?

아가씬 그냥 웃는다
그래 그까짓 것 알아선 뭐하냐
물어본 내가 바보지

하긴 값으로 보나
사랑이나 믿음으로 보나
개만도 못한 인간이 얼마나 많은데

나는 괜히 계면쩍어
슬그머니 도망치듯 빠져나왔다

나는 나

남을 따라할 필요는 없지
남 따라 사는 것은 죽은 삶이지

세상에 평등은 존재하지 않아
사람이 다 같을 수는 없지

너 고기 먹을 때
나 국수 먹어도

너 좋은 차 탈 때
나 걸어다녀도

너를 부러워하지 않는다면
스스로에게 만족한다면

부자는 더 큰 부자가 되고
가난은 가난으로 대물림 되는 세상에서

하늘을 우러러
부끄럽지 않을 수만 있다면

무슨 상관이랴
그따위 부 같은 것들이

논개 같은 거룩한 삶도 있고
김삿갓 같은 떠돌이 삶도 있거늘

때문

대답만 잘 하는 건
군대를 갔다왔기 때문

우리집이 이만큼 사는 건
아내가 알뜰하기 때문

요즘 내가 시를 쓰는 건
평소 책을 좋아했기 때문

세상이 더 아름답게 보이는 건
요즘 내가 시를 쓰기 때문

인생

살면서 만나는
수많은 갈등과 모순

그것들이 부딪히며 일구는
새파란 불꽃!

그 시리게 파란 불꽃으로
삶이 타들어 갈 때…

인생은 시나브로
시나브로 익어 갑니다!

꽃도 사랑이 필요하다

축하 선물로 들어온 난 화분
가꾸질 않아 말라 죽었네
퇴색한 몸이 가여워라

물만 가끔씩 주었어도
멀쩡하게 살아 있을 것을
말 못하는 저것
얼마나 서러웠을까

푸르고 싱싱하던 줄기
우아하고 늘씬하던 그 자태
총명하던 생기는 어디가고
시들어 부서질 날만 기다리네

식물도 사랑이 필요하고
따스한 손길이 있어야만 산다네
꽃은 어느날 저절로 피는 것이 아니라네

대추나무 연 걸리 듯

눈에는
사람이 걸리고

발에는
물건들이 걸리고

마음엔
살아갈 일이 걸리네

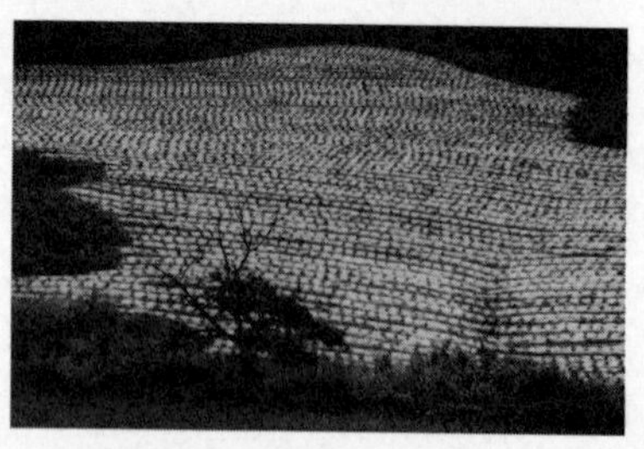

철드는 마음

우리 집 좁은 마당
가득 쌓인 흰 눈
발 디딜 틈도 없네

흔적 남기려니
죄스러워
움츠러드는 마음

첫 발 딛기 힘드는 줄
태어나 처음 알았네
이제야 철드나보이

까불며 살지만

까불며 살지만

잘난 부부

가만히 앉아서
이거 해라 잔소리 하고
저거 해다오 심부름이나 시키는
우리 잘난 남편
님인지 원수인지

앉아서 시키는 게
무슨 큰 죄인가
관심도 잔소리로 듣는
우리 잘난 마님
똑똑인지 바본지

똑똑한 두 사람이 만나
잘난 부부가 되었다
아무리 부부싸움이 칼로 물베기라 하지만
허구헌 날 바람 잘 날 없는 것은
무엇 때문일까?

의문점

눈으로 아무리 좋은 글을
수백 번 읽어도

입으로 아무리 좋은 시를
수천 번 낭송을 해도

마음으로 아무리 좋은 생각을
골백번을 해도

조금도 나아지지 않는 나
어떻게 살건데

행복의 대차대조표

한 번의 서울 나들이에
필요한 것은

19,600원이라는 돈과
7시간의 여가

가치를 추구하는 마음과
그에 따른 작은 수고

쓴 것은 보잘 것 없지만
얻은 것은 무진장

오기

갑자기 방송 끊긴 TV
화면은 시커먼 점 투성이로 들끓고
소리는 시끄럽게 지지직 대는데

무심한 얼굴로 표정도 없이
뚫어져라 끈질기게 화면을 응시하는
우리 이쁜 마누라

영상을 즐기는 건지
음악을 감상하는 건지
아니면 오기로 버팅기는 건지

흰 머리 · 2

이제
나에게 있어
흰 머리는
자랑이다

염색의
대상이 아니다

검은 머리가
흰 머리로 변해가는
이 경이로움

너희는 아느냐
흰 머리의 아름다움을
그 눈부심을

묻고싶다
너희가 흰 머리를 알어?

회춘回春

모처럼 책방엘 갔습니다
자식놈 참고서 사는데
『짬짬이 읽는 시』라는 책이
눈에 띄었습니다

꺼내 들었더니
고등학생이 꼭 읽어야 할
'문학선' 이라는 명제가
붙어 있었습니다

가만히 뜯어봤더니
옛 학창시절 공부했던 식으로
풀이가 되어 있더군요
한마디로 참고서였습니다

수록된 시가 무려 85편
값은 6,500원
이만하면 쓸만하다 싶어서
이것도 선택을 했습니다

나이 오십이 코 앞인데
고등학생들이 보는
책을 샀습니다
마음에 윤기를 줄 것 같아서

마음이 묘했습니다
웃음이 배어 나왔습니다
다시 학생이 된 듯한 기분과
한 30년은 젊어진 느낌이 들었습니다.

저녁 식사

아내의
음식 솜씨는
참으로 믿을만 하다

그 맛에 속아
지금껏
살아오지 않았던가

거의 매일
밤 열시가 넘어서야 먹는
나의 저녁 식사는

그래서
언제나 포식을 부른다
나를 살찌게 한다.

까불며 살지만

포천이란 작은 고장
신읍이란 작은 동네에서
사진을 한답시고
시를 쓴답시고
까불며 살고 있지만
그래도 그 속엔
열정이 있고 진지함이 있고
진실도 있다

하는 일은
보잘 것 없어도
한결같은 모습으로
진실한 인간으로 살고파
킬리만자로의 표범처럼 살고파
작은 가슴 데우고 키우며
오늘도 까불며 산다
행복한 인생!

풀어진 마음

우수가 지나면
풀리는 것이
대동강 물만은 아니다

딸아이 학교 쉬는 날
휴일처럼 맞은 토요일 아침
느긋해진 마음이 늦잠을 부른다

내친김에 아예 하루를 쉴까
강렬한 유혹이 고개를 들지만
그래선 안되지 스스로 다짐해보는

휴일 같은 토요일 아침
우수가 지나자
마음까지 풀어지고 있었다

새해맞이

새로운 한 해가 열리고
묵은 해는 가슴 속으로 접어야 하는
12월 31일 밤 12시

보신각 종소리가 떵 떵 떠엉
서른 세번의 커다란 울림으로 너울지며
새로운 한 해를 축복하는 시간
우리집 온 식구 오손도손 모여 앉아
역사의 현장을 보고 듣는다

이루지 못할 큰 바람과 기대를 품고
선잠 속에 첫날 밤을 보낸 뒤
졸린 눈 비비며 겨우 일어난 아침엔
마당에 나와 수원산 너머로 뜨는 해를 본다

올 일년 어떻게 살아야 하는지
알 수 없는 막연함과 불안감으로
또 다시 시작하는 새 해 첫 날 새 아침

더도 덜도 말고 예전만 같아라
조금만 조금만 아주 쪼끔만
더 낫기를 더 나아지기를

솟아 오르는 첫 태양을 보며
소박하지만 아름다운 꿈을
가슴으로 소망해 본다

더욱 건강하고 넉넉하기를
더욱 아름답고 따스한 가슴이기를…

또 다른 삶

컴퓨터 타자도 못 치던
한 사진쟁이 있었네

입춘이 멀지않던 어느 겨울 밤
처음으로 글을 썼다네

도전이란 제목의 글이었지
문학에의 입문이었네

늦게 배운 도둑질
시간 가는 줄 몰랐네

1년 지난 지금은 시를 쓴다네
언감생심 꿈도 못 꾸던

시인되자 작심을 했지
또 다른 삶의 도전

이 어찌 놀라운 일이 아닌가
축하해 줄 일이지

사진쟁인 오늘도 시를 쓴다네
사진 대신 시와 씨름한다네

사랑합니다

사랑합니다!
살며시 다가가 작은 목소리로
속삭이듯 던지는 한 마디 말에

아내는 쌀을 씻다 말고
이게 무슨 소린가
물끄러미 나를 바라다 본다

아침밥을 준비하는
평화스런 부엌과
그곳에 있는 정겨운 사람

쌀을 씻는 굵은 손가락 사이로
맑은 뜨물 곱게 일어나면
아내의 얼굴엔 미소가 흐른다

뜬금없이 내뱉는
사랑합니다 그 한 마디가
실없다고 느껴질지라도

아내여!
나는 당신을
사랑합니다

사랑

어제 아침 출근길
늙은 아버지께서 같이 가시잖다
이발을 하실 모양이다

하루가 지난
오늘 아침에서야
어제 이발 하신 뜻을 알았다

나도 우리 마님 생일 전 날
이발을 해야겠다
새로운 사랑을 배웠다

어묵

체감온도가 영하 10℃를 맴도는
한 겨울 늦은 밤

딸과 함께 가는 정겨운 퇴근 길
길가의 포장마차가 유혹을 한다

뜨거운 국물에 몸을 녹이며
긴 놈으로 골라잡아 하나 둘 셋

그래 바로 이 맛이야
덜덜덜 떨면서 먹는 이 기쁨

굶주렸던 허기도 채우고
턱밑을 파고들던 추위도 달래고

딸아이에게 인심도 쓰고 점수도 따고
이 겨울 뜨거운 어묵이 나를 행복하게 한다

나 늙으면

이다음에 나 늙으면
어떤 영감 되어 있을까

눈에는 굵은 돋보기가 얹히고
귀 속에는 고성능 보청기가
입안에는 덜컥거리는 틀니가
보란듯이 함께 하겠지

사진쟁이 '도니' 는 그때도
지금처럼 사진 찍고 있을까
귀여운 아가씨 데리고
가을연가 만든다고 추억속에서
노익장의 기염 토해내겠지

말 안듣는 고집쟁이 옹고집에다
미련둥이 심술쟁이 영감탱이가 되어
손자들과는 아웅다웅
할멈과는 티격태격
끊임없이 싸우면서 늙어 가겠지

치매나 안 걸렸으면 좋겠네
늙은 망령이나 안 부렸으면

'저렇게 사느니 죽는게 낫지' 란 말
안 들어야지
'저래서 늙으면 죽어야돼' 소리
듣지 말아야지

가족 친지들 사랑 속에
벗과 이웃들 관심 속에
늙어감도 아름다움이라는 것을 보여주는
멋쟁이 영감 되어야지

'나도 저렇게 늙고 싶어' 란 소리 듣는
고운 늙은이 되어야겠지
인생이 얼마나 멋진 선물인지
일깨워주는 노신사 되어야 겠지

나의 길

그건
운명

내 힘으론
어쩔 수 없는 운명

그건
길

바로 내가
걸어가야 할 길

가다가
넘어져도

다시 일어서서
가야 하는 길

아무리
어려운 일이 있어도

절대로 포기해선
안 되는 길

그 길이
풍요롭지 못해도

오늘도
애쓰며 가는 길

더 아름답기 위해
더 진실되기 위해

너와 함께
사랑으로 가야 하는 길

거인

나는 거인
내 발 밑을 기어가던
커다란 개미가 멈칫거린다

나는 아무 적의도 없는데
개미는 제 스스로 놀라
방황에 빠진다

다른 생명이 위협을
느낄 정도로
나는 큰 존재다

세상의 차원에서 보면
아주 보잘 것 없는
하찮은 존재에 불과하지만

그래도 나는 거인
세상을 빛내는 아름다운 존재
내가 있어 세상이 더욱 아름답지 않은가

그 리 운
물 레 방 아

그리운 물레방아

호소

사람들은 시름을 잊고자
건강을 얻고자 산을 오른다지만
산들은 정작 죽을 맛이다

인간들의 발부리에 채여
성한 곳이 하나 없다
시름에 겨워 토해 내는 신음소리
들리지 않는가

인간들은 즐기기 위해
정복을 위해 산을 오른다지만
산들은 정작 슬프기만 하다

단 하루도 마음 편히 쉬며
조용할 날 없다
끊임없이 올라오는 인간들 때문에
평화라는 것을 잃은지 오래다

자연을 아끼고 사랑하고 보호한다며
끝없이 괴롭히는 인간들이여
날 좀 내버려두오
숨 좀 쉬며 살게 그냥 좀 내버려 두오

하품

하품을 할 땐
입을 크게 벌려
하마처럼 할 일이다

입을 작게 벌리거나
손으로 가릴 일이 아니다

남 보기엔 민망할지라도
크게 입 벌려
입이 찢어져라 시원하게 해라

입 안에 있는 졸음
몽땅 몰아낼 일이다

불꽃

불꽃은 하늘에서만 터지는 것이 아니다
달리는 차창 밖에서도 터지고
멀쩡한 행길 위에서도 터진다

밤마다 도로 위에선
현란한 불꽃 축제가 열린다
죄없는 도로는 터지는 불꽃으로 온몸을 지진다

줏대

큰 것만 찾는 세상
큰 것이 좋다고
큰 물건이 좋다고

전부들 커지겠다고
모두들 커져야한다고
무조건 커질려고만 한다

키우고 늘리고 부풀리고
강제로 잡아당기고 붙이고
아수라장이다

이럴 땐
차라리
작은 게 축복이란 것을
사람들은 모른다

모두가 똑같아지는 평등의 시대
개성이라곤 없는 무개성의 시대

남들을 닮지 않는다는 것이
아름답다는 것을 모르는
줏대라고는 하나도 없는 세상이다

개미도 글이 보고 싶다

작은
아주 작은
느낌표 같은 개미 한 마리
책 갈피를 꼬물꼬물 기어온다

아가야 너도
글이 보고 싶으냐
새로운 세계가 궁금하더냐
지식이나 지혜에 목이 마르더냐

채울 수도 없고
채워지지도 않는 욕망
허무한 그 욕망이
점같이 작은 네 몸뚱이 속에도 있단 말이지

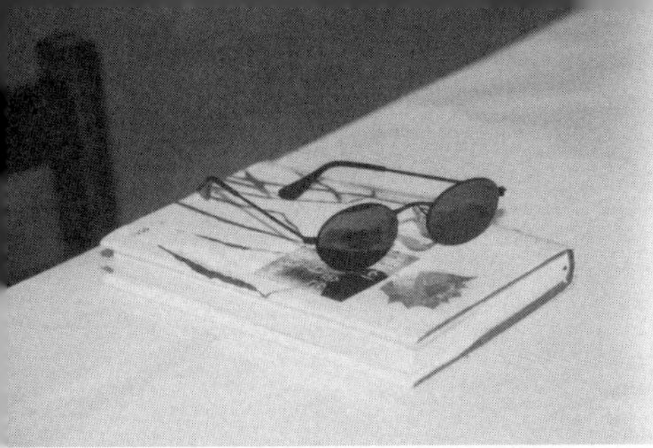

어리석은 녀석
그깥 지식 배우면 뭐하냐
잠시후면 닥쳐올 일은 생각도 못하면서
한치 앞도 볼 줄 모르면서

나는 후 우~
입김을 불었다
녀석은 어디론가 사라졌고
나는 모른척 다시 책을 보기 시작했다

보일러

섭씨 25도 맞춰놓은 온도에
알아서 돌아가는 보일러
한겨울 모진 한파 아무리 용써봐라
세상이 다 숨죽여도 끄떡이나 하나

동장군이 무섭단 말 어느 시절 이야기냐
방구석에 처박히면 세상과는 단절이라
별천지가 따로 있냐 예가 바로 천국이라
웃통을 못 벗을까 체면이 어디 있나

더워서 못 살겠네 창문을 열어라
그래도 차마 선풍기는 못 돌리지
없는 놈들 죽어나도 난 몰라
따뜻한 내 등짝 호사가 따로 없네

드는 돈이 아까우랴
가는 세월이 아쉬우랴
빨리가는 겨울이 야속하구나

군불로 밥하고
화로에 군밤이 익어가던
호랑이 담배 피웠다던가

옛날 이야기 그립다

여름의 추억

우리집엔
세 마리 청개구리가 산다

매일 밤만 되면
요정처럼 나타나선

밝은 곳을 찾아서
거실의 유리창을 기어 오르지

수직벽이 좋아서
작은 발로 꼬물꼬물 기어 오르지

세 녀석은 한 식구
한번도 다투지 않네

너희에게 주는 건 아무것도 없어도
니들이 있어 나는 행복하나니

사람과의 만남도
기쁨이었음을 기억해주기를

1년 후에 잊지않고 다시 와주기를
이 작은 가슴으로 소원하나니

봄비와 가을비

봄비는 내려도
따스하게 내리고
가을비는 내려도
쌀쌀하게 내린다

내리는 봄비는
생명을 잉태하지만
내리는 가을비는
생명을 거둔다

봄에 오는 비는
마음을 훈훈하게 하지만
가을에 오는 비는
마음을 조급하게 만든다

봄에 내리는 비는
고맙다는 말을 듣지만
가을에 내리는 비는
미움만 잔뜩 받는다

봄비가 오고 나면
여름도 멀지 않지만
가을비가 오고 나면
겨울도 금방이다.

술병

술병은 용도도 많다

술이 들어 있으면 술병
다 먹고 나면 재털이
옆으로 굴리면 밀대
깨트리면 흉기
꽃을 꽂으면 꽃병
휘파람을 불면 피리
기름을 담으면 기름병
휘발유를 담으면 화염병
시름을 담으면 홧병
아무것도 없으면 빈병

이 중에 제일은 역시 술병!

그리운 물레방아

군왕 같던 수탉들이 죽었다
스스로 울어주는
자명종이 발명된 이래로

순이와 돌쇠가 놀던
정겹던 물레방아도 죽었다
러브호텔이란 신형
물레방아 때문에

멀쩡한 카메라들도 죽었다
현상도 인화도 필요없는
그 잘 난 디카 때문에

세상 모르고 자던
내 단잠을 깨우고 마침내
세상마저 뒤흔들던 그 우렁찬 기합 소리

수많은 암컷들과
새벽을 마음껏 조롱하던
우리 집 장닭 그 녀석이 그립다
군왕처럼 호령하던 그 기상이 마냥 그립다

분향

올해도
올 봄에도
우리 집은 꼼짝없이
분향에 감싸였습니다

좋은 말로
시골향기라고 하지만
맡기에 역겨운 건
사실입니다

하지만
이 냄새가 있어
어김없이 또 봄이 왔음을
알 수 있습니다

천지에 진동하는
코를 찌르는 분향의 이 알싸함
시골이 아니면 느낄 수 없는
온 몸으로 파고드는 이 봄내음

오~ 너는 진정
새 봄을 노래하는 희망의 전령사
이 향긋한 냄새가 없으면
진정 봄도 봄이 아닙니다

*분향糞香: 거름 내음.

홀아비 가로등

아무도 오지 않는
외딴 길 후미진 골목
그곳에 홀로 선 가로등은 독신이다
3년을 그렇게 홀로 살았다
아무도 짝이 되려 하지 않는다

겨울이 되면 외로움은 극에 달해
쌩쌩부는 바람이라도 붙잡으려 하지만
무정한 바람은 거들떠 보지도 않고 가버린다

날씨라도 추워 온몸이 꽁꽁 얼어붙는 날에는
차라리 자진이라도 하고 싶지만
가로등 주제에 이마저도 맘대로 되지 않는다

세상을 밝게 비추는 재미 하나로 산다고 하지만
외로움은 가로등에게도 있는 법

어쩌다 데이트족 한 커플 찾아와선
갖은 사랑의 말 속삭이며 진한 입맞춤까지
말 못하는 가로등 가슴에 염장을 지른다

슬퍼도 울지도 못하는 신세
장가 가기엔 애시당초 틀린 일
우범지대나 되면 또 모를까
엉뚱한 생각에 푹 빠져드는

아,
불쌍한 홀아비 가로등!

사랑은 한송이 꽃

사랑은 아픔을 바탕삼아
그 터전 위에 피어나는 한송이 꽃
눈물이 많을수록 아름다운 꽃

비바람 모진 한파 다 견디어
오롯이 피어났으되
네 아픈 속을 뉘가 알랴
겉으로 피어나는 웃음이 가여워라

긴긴 한숨과 고통을 삼키고
더 큰 인내와 슬기로
행복이란 열매로 영글기 위해
스스로 아픔을 뚫고 나왔네

사랑은 슬픔을 먹고 사는 꽃
그 터전 위에 피어나는 거룩한 꽃
슬픔이 진할수록 더욱 아름다운 꽃

혈투

4시간에 걸친
혈투 끝에 얻은
고단한 승리

화려한 웃음과
빛나는 영광을 챙겨도
밟히는 것은

허탈 속에 돌아앉아
고개 떨군
패자의 뜨거운 눈물

바보들에게

하늘이 맑고 푸른 날
육두문자를 즐기는
사람들이 있다

그런 날에 욕을 하면
전부 제 얼굴로
떨어진다는 것을 모른다

하늘이 맑고 푸른 날에는
입다물고 조용히
하늘을 우러를 일이다

허공을 더럽혀
세상을 욕되게 하느니
스스로를 곱게 정화할 일이다

야구는

궁둥이를 뒤로 빼고
긴 방망이를 곧추세운 타자는
세상을 제압할 듯 위압적이다

큰 덩치가 타석을 가득 메우고
윙윙 방망이를 휘두르면
투수는 던질 곳이 마땅치 않다

끝날 듯 끝날 듯
끝나지 않는 야구 경기
9회말 투아웃 주자는 없는데

마지막이 될지도 모르는 타자는
긴 방망이 하나에
투수는 작은 공 하나에 승부를 건다

한 번 던지고
한 번 친다고
경기가 끝나는 것은 아니다

파울도 있고
에러도 있고
안타도 있으니까

공 하나 하나에 희비가 교차하는
야구는
야구는
.
.
.
얄밉다.

버려진 양심

공중전화부스 안 전화기 옆에
녹은 채로 버려진 갈색 쭈쭈바 하나

얼음과자는 녹아서 흐르고
바닥까지 흘러서 끈적거리고

버려진 게 언제인지 알 수 없지만
의식마저 말라죽어 있었다

버려진 양심은 결코 떨지 않으며
세상도 결코 울지 않는다

다만 부끄러움도 모르는 양심과 무감각만이
그저 세상을 조롱하고 있을 뿐이다

모래집

똥집을 모래집이라 하건
모래집을 똥집이라 하건
그것이 안주임에는 변함이 없다
소주 한 잔 마시는 것관 상관이 없다

그깟 이름이 무슨 상관이랴
지글지글 끓는 기름에 튀겨내건
자글자글 끓는 물에 삶아내건
쫄깃쫄깃 그 맛이야 어딜가겠나

'외로움을 카타르시스'하는 시를 빚다

이 석 구 | 마홀문학회 고문

강돈희(도니:道泥) 씨의 두 번째 시집 '어떤 그리움'의 출간을 진심으로 축하드립니다.

이번 시집에 실린 시에서는 더욱 더 절절한 삶의 편린들을 가식없는 일상의 언어로 토해 내고 있습니다.

첫 시집 이후 1년간 꾸준히 사진도 찍으며 시작(詩作)에 몰두한 흔적을 엿볼 수 있습니다.

작가의 세월을 한 편 한편 보면서 작가의 일기장을 몰래 훔쳐보는 희열도 느꼈습니다. '시의 소재는 무궁무진 하다' 는 것이고 시를 구성하는 어휘들도 일상적이기에 '시는 어렵지 않은 것' 으로 우리에게 가깝게 다가옵니다. 전적으로 작가의 역량이라 여겨집니다.

작년에 발간한 『꿈을 찍는 사진쟁이』의 시들이 참신한 아마추어적 이미지를 풍겼다면 이번의 시들은 한층

다듬어 지고 시를 빚어내는 작가의 內面이 원숙해 지는 일단을 느끼게 됩니다.

이번 시에서는 작가의 내면에 일고 있는 불안이나 갈등을 극복하려는 문제도 제기하고 이를 해소하려는 낙관적 가치관도 드러내고 있습니다.

이제 50줄을 바라보는 작가의 人生 경륜과 단조로웠던 '사진쟁이' 라는 직업의 '카테고리', 지금 그에게 삶의 방편을 주었던 사진 영업이 '디카' 에 밀려 사양길에 접어들고 있고, 미래가 不安한 현실을 타협하며 자신만의 틀을 깨고 새로움으로 도전하려 한다.

〈마음 닫기, 마음 열기〉 그간의 고통과 괴로움이 「깨달음」이나 「고단한 삶」에서 극복하려는 의지를 보여주고 있다. 「사랑타령」, 「잘난부부」로 가정의 안목과 갈등을 극복하면서 결국 「사랑 합니다」로 결론을 맺어 보는 작가의 의도가 잘 들어나고 있다. 그것을 '나의 길' 로 받아 드리며 소리치고 있는 것이다. 그리고 「작은 거인」이 되고 싶은 것이다.

작가 스스로에게는 항상 '홀아비 가로등' 의 외로움과 같이 하면서도 「군것질」, 「모래집」, 「수염」, 「내기」, 「서러운 아침」 등 유머러스한 해학시를 엮으면서 자신의 외로움을 '카타르시스' 하는 것은 아닐까?

도니 시인과 20년 가까이 사귀면서 시인으로 변신하는 과정을 지켜 보았고 지금 또 다시 제2의 도약이 도래하였음을 그는 그의 시로써 말해 주고 있는 것 같다. 그의 성취욕과 행운이 신의 가호가 있기를 빌며 주제 넘게 소감의 일단을 피력할 수 있게 지면을 내준 도니 씨에게 감사 한다.

over a wall poetry 3

어떤 그리움

2006년 7월 24일 초판 1쇄 인쇄
2006년 7월 28일 초판 1쇄 펴냄

지은이 | 강돈희
펴낸이 | 송계원

사 진 | 강돈희
기획 · 편집 · 디자인 | 나지누

펴낸곳 | 도서출판 담장너머
등 록 | 2005년 1월 27일 제2-4102
주 소 | 100-273 서울시 중구 필동3가 69-6 104호
전 화 | 02-2268-7680
팩 스 | 02-2268-7681
이메일 | overawall@hanmail.net

ISBN 89-956793-8-7 03810

값 7,000원
* 파본은 본사나 구입하신 서점에서 교환해드립니다.